essentials

Springer Essentials sind innovative Bücher, die das Wissen von Springer DE in kompaktester Form anhand kleiner, komprimierter Wissensbausteine zur Darstellung bringen. Damit sind sie besonders für die Nutzung auf modernen Tablet-PCs und eBook-Readern geeignet. In der Reihe erscheinen sowohl Originalarbeiten wie auch aktualisierte und hinsichtlich der Textmenge genauestens konzentrierte Bearbeitungen von Texten, die in maßgeblichen, allerdings auch wesentlich umfangreicheren Werken des Springer Verlags an anderer Stelle erscheinen. Die Leser bekommen „self-contained knowledge" in destillierter Form: Die Essenz dessen, worauf es als „State-of-the-Art" in der Praxis und/oder aktueller Fachdiskussion ankommt.

Miriam Landes • Eberhard Steiner

Psychologische Auswirkungen von Change Prozessen

Widerstände, Emotionen, Veränderungsbereitschaft und Implikationen für Führungskräfte

Prof. Dr. Miriam Landes

Prof. Dr. Eberhard Steiner
UVM-Institut
München
Deutschland

ISSN 2197-6708
ISBN 978-3-658-05641-4
DOI 10.1007/978-3-658-05642-1

ISSN 2197-6716 (electronic)
ISBN 978-3-658-05642-1 (eBook)

Die Deutsche Nationalbibliothek verzeichnet diese Publikation in der Deutschen Nationalbibliografie; detaillierte bibliografische Daten sind im Internet über http://dnb.d-nb.de abrufbar.

Springer VS

Gedruckt auf säurefreiem und chlorfrei gebleichtem Papier

Springer VS ist eine Marke von Springer DE. Springer DE ist Teil der Fachverlagsgruppe Springer Science+Business Media
www.springer-vs.de

Was Sie in diesem Essential finden können

- Eine Analyse von Veränderungsprozessen hinsichtlich Konstruktivität und Planungsgrad
- Die psychologischen Gründe und die verschiedenen Arten von Widerstand gegen Veränderungen
- Eine Analyse der Veränderungsbereitschaft anhand des S-Kurven-Konzeptes
- Hinweise zum konstruktiven Umgang mit Widerstand im Veränderungsprozess
- Leitlinien für Führungskräfte zur erfolgreichen Gestaltung von Veränderungsprozessen

Inhaltsverzeichnis

1 **Einleitung** ... 1

2 **Veränderungsnotwendigkeit** ... 3

3 **Gründe für Widerstand** ... 5
- 3.1 Widerstand im Topmanagement ... 5
- 3.2 Widerstand beim Einzelnen ... 7
  - 3.2.1 Gewohnheit ... 7
  - 3.2.2 Funktionale Gebundenheit (auch: Betriebsblindheit) ... 8
  - 3.2.3 Abwehr kognitiver Dissonanz ... 8
  - 3.2.4 Motivationshöhe ... 9
  - 3.2.5 Verteidigung des Selbstbildes ... 9
  - 3.2.6 Reaktanz ... 10
- 3.3 Widerstand in der Gruppe ... 10
  - 3.3.1 Erhalt von Machtstrukturen ... 10
  - 3.3.2 Autoritätsdruck ... 10
  - 3.3.3 Gruppendruck ... 11

4 **Emotionale Reaktionen auf Veränderungen** ... 13

5 **Veränderungsbereitschaft** ... 17

6 **Erfolgreiche Gestaltung von Veränderungsprozessen: Implikationen für Führungskräfte** ... 21
- 6.1 Vision und Ziele definieren ... 21
- 6.2 Notwendigkeit und Unumkehrbarkeit der Veränderung nachvollziehbar erläutern ... 22
- 6.3 Klar, transparent und verständlich kommunizieren ... 22

6.4 Bedürfnisse von Menschen in Veränderungsprozessen berücksichtigen 23
6.5 Fähigkeiten und Fertigkeiten vermitteln 24
6.6 Gerechtigkeitsempfinden der Mitarbeiter beachten 24
6.7 Erste Erfolge sichtbar machen 25
6.8 Aus Fehlern lernen 25
6.9 Als Führungskraft präsent und ansprechbar sein 25

7 Ausblick 27

Was Sie aus diesem Essential mitnehmen können 29

Literatur 31

1 Einleitung

Als Barack Obama in seinem Präsidentschaftswahlkampf 2008 antrat, bewarb er sein Programm mit den beiden Slogans „Change we believe in“ und „Change we need“. Ihm ist es erfolgreich gelungen, die Menschen für seine Vision zu begeistern und den gesellschaftlichen Change-Prozess mit einer Stimmung des Aufbruchs und der Hoffnung zu besetzen. Dabei stand er als authentische Führungs- und Symbolfigur für den angestrebten Veränderungsprozess.

Er kann damit als positives Beispiel angesehen werden, wie man Menschen für einen Change-Prozess bewegen und sogar begeistern kann. So wie auf gesellschaftlich-politischer Ebene sind auch auf Unternehmensebene für eine Weiterentwicklung Veränderungen notwendig und bedeutsam, wobei Widerstand in Unternehmen häufig zu beobachten ist. In Unternehmen werden meist eher die Nachteile und Risiken einer Veränderung gesehen, was wesentlichen Einfluss auf die Mitarbeitermotivation hat (vgl. Bachert und Vahs 2007, S. 23). In zahlreichen deutschen Unternehmen erreichen die Veränderungsvorhaben schätzungsweise in 50 bis 70 % nicht bzw. nur teilweise die angestrebten Ziele. Einige der eingeleiteten Wandlungsprozesse scheitern sogar vollständig (vgl. Roth 2000, S. 14). Dabei können Unternehmen durch einen planvollen und bewussten Umgang mit Widerständen und Ängsten der Beteiligten einen erfolgreichen und nachhaltigen Wandel fördern.

In diesem Beitrag werden folgende Fragen behandelt: Warum sind Veränderungen für Unternehmen notwendig und manchmal überlebenswichtig? Welche psychologischen Aspekte sind in Veränderungen wirksam und beeinflussen das Erleben und Verhalten sowohl auf individueller als auch auf Gruppenebene? Welche Implikationen für Führungskräfte ergeben sich, um ein Scheitern von Veränderungsprozessen zu verhindern?

M. Landes, E. Steiner, *Psychologische Auswirkungen von Change Prozessen*, essentials,
DOI 10.1007/978-3-658-05642-1_1, © Springer Fachmedien Wiesbaden 2014

2 Veränderungsnotwendigkeit

Wirtschaftsunternehmen müssen im Laufe der Zeit auf Schwankungen von Absatz, Erfolg und Cash Flow reagieren, um langfristig am Markt bestehen zu können. Die klassische Lebenszyklustheorie von Produkten nimmt im idealtypischen Verlauf die Form einer sigmoiden Kurve an, die man auch für den Lebenszyklus von Unternehmen annehmen kann (siehe Abb. 2.1):

An Punkt 1 der sigmoiden Kurve lässt sich ein Wandel durch ausreichend verfügbare finanzielle Mittel typischerweise relativ leicht bewältigen, jedoch ist die Veränderungsnotwendigkeit an dieser Stelle noch nicht offensichtlich. Zudem ist das *Warum* des Wandels nur schwer zu erklären und die Bereitschaft für Wandel schwer zu schaffen.

Der Antrieb für organisatorischen Wandel besteht eben darin, die Degenerationsphase durch eine Veränderungsmaßnahme oder Neupositionierung des Unternehmens zu umgehen. An Punkt 2 fehlt es dem Unternehmen bereits an finanzieller und intellektueller Kraft, um den Wandel konstruktiv zu gestalten (vgl. Handy 1995, S. 50 ff.).

Der Abschwung der Kurve lässt sich in drei aufeinander aufbauende Krisen untergliedern: Eine anfänglich *strategische Krise* kann sich beispielsweise im veränderten Konsumverhalten, in einer Verknappung nötiger Ressourcen oder in einem Mangel an qualifizierten Arbeitskräften zeigen. Diese führt im weiteren Verlauf zu einer *Ergebniskrise* mit einbrechenden Gewinnen und entstehenden

M. Landes, E. Steiner, *Psychologische Auswirkungen von Change Prozessen*, essentials, DOI 10.1007/978-3-658-05642-1_2, © Springer Fachmedien Wiesbaden 2014

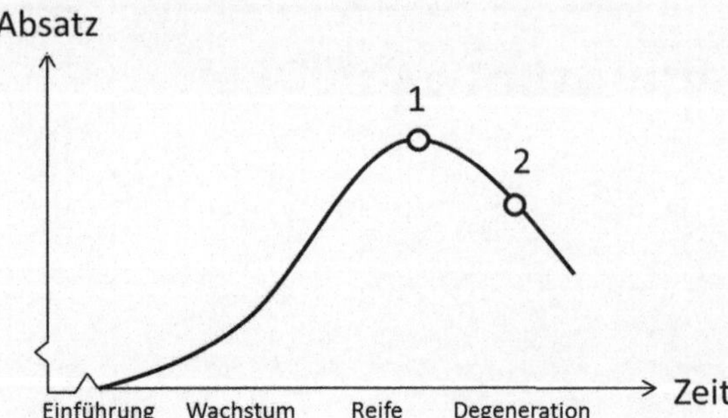

Abb. 2.1 Sigmoide Kurve

Verlusten. Wird die Ergebniskrise durch den meist notwendigen Verkauf von Unternehmenssubstanz vorübergehend kaschiert, kommt es nach dem Verkauf der Vermögenswerte schließlich zu einer *Liquiditätskrise.* In deren Folge steht oftmals unweigerlich eine Insolvenz.

Gründe für Widerstand 3

> *Von Widerstand kann immer dann gesprochen werden, wenn vorgesehene Entscheidungen oder getroffene Maßnahmen, die auch bei sorgfältiger Prüfung als sinnvoll, ‚logisch' oder sogar dringend notwendig erscheinen, aus zunächst nicht ersichtlichen Gründen (...) auf diffuse Ablehnung stoßen* (Doppler und Lauterburg 2002, S. 336).

Der Soziologe Kurt Lewin (Lewin 1943; Cartwright 1951) geht in seinem Modell zu Veränderungsprozessen davon aus, dass es in jedem Unternehmen Kräfte gibt, die den Wandel unterstützen und vorantreiben (*driving forces*), und solche, die den Wandel verzögern und verhindern (*restraining forces*). Im Normallfall entsteht ein stabiles Gleichgewicht, da beide Kräfte gleich groß sind. Um eine Veränderung zu bewirken, müssen demnach die *driving forces* verstärkt und die *restraining forces* verringert werden.

3.1 Widerstand im Topmanagement

Gründe für den Widerstand im Topmanagement gegen notwendige Veränderungen können vielfältig sein:

Einerseits können für den Widerstand *rationale Gründe* vorliegen, wie z. B. abweichende Meinungen des Managements über Ziele, Wege zur Zielerreichung und Strategien. In vielen Unternehmen wird *Konsistenz* als *positive Führungseigenschaft* gesehen, Meinungs- und Richtungsänderungen der Geschäftsführung und von Vorständen werden skeptisch bewertet, sodass Manager es scheuen, Veränderungen einzuleiten. Damit eng verbunden ist die *Tendenz, bei einmal getroffenen Entscheidungen zu bleiben*, da es in vielen Fällen fälschlich als das Eingeständnis eines Fehlers gedeutet wird, getroffene Entscheidungen noch mal zu überdenken oder zu verändern.

M. Landes, E. Steiner, *Psychologische Auswirkungen von Change Prozessen*, essentials,
DOI 10.1007/978-3-658-05642-1_3, © Springer Fachmedien Wiesbaden 2014

Dabei kann es erfolgsentscheidend sein, rechtzeitig eine nicht zielführende Strategie aufzugeben. Dies beweist das Beispiel des in seiner Expedition gescheiterten Polarforschers Ernest Shackleton, an dem sich allgemeingültige Führungsprinzipien für Change Prozesse ableiten lassen: Ihm gelang es in aussichtsloser Situation, sich flexibel an die neuen Gegebenheiten anzupassen. Er konnte sich und seinem Team das Scheitern rechtzeitig eingestehen, seine Crew in aussichtsloser Lage motivieren und den Optimismus bewahren. Er musste eine heterogene Gruppe dazu bringen, auf ein gemeinsames Ziel hinzuarbeiten, sich mit ewigen Neinsagern auseinander setzen, die Unzufriedenen davon abhalten, die Atmosphäre zu vergiften, Langeweile und Erschöpfung bekämpfen, Ordnung und Erfolg in einem chaotischen Umfeld schaffen und mit begrenzten Ressourcen auskommen.

Politischer Widerstand im Top-Management resultiert nicht selten aus der *Befürchtung, dass Wandel zu Machtverlust* führt. Die eigentliche Intention für den Widerstand wird dabei meist nicht offengelegt und kann zu unvorhersehbaren, irrationalen Handlungen führen.

Veränderungen in Organisationen finden nie isoliert an einer Stelle statt, sondern führen zu nicht immer planbaren veränderten Strukturen und Prozessen an mehreren Stellen im Unternehmen, sodass die Einflussmacht einer Führungskraft schwinden kann. In diesem Zielkonflikt (Erfolg des Unternehmens versus eigener Einfluss) wird die Entscheidung der Manager häufig zu eigenen Gunsten getroffen.

Für Widerstand im Topmanagement kann auch die *begrenzte Rationalität der Entscheider* ursächlich sein. Unternehmenslenker sind keine homines oeconomici: Sie besitzen weder vollständige Informationen, noch gewichten sie diese Informationen immer richtig. Auch sie unterliegen Wahrnehmungsverzerrungen, selbstwertdienlichen Fehlinterpretationen und ungerechtfertigtem Optimismus. Bei Unternehmensgründern findet sich häufig solch ein *Optimistic Bias*. Kahnemann (2011, S. 256) führt aus, dass die Überlebensrate eines neugegründeten Unternehmens in den USA über fünf Jahre hinweg bei 35 % liegt, wohingegen 81 % der Gründer die Erfolgswahrscheinlichkeit des eigenen Unternehmen als hoch oder sehr hoch einschätzen. Das Risiko von „Überoptimismus" zeigt sich auch bei Unternehmensübernahmen, wobei eine Rolle spielen dürfte, dass sich die Manager des übernehmenden Unternehmens für kompetenter halten als sie tatsächlich sind, wie eine Untersuchung der Duke University zeigen konnte (vgl. Kahneman 2011, S. 261 f.).

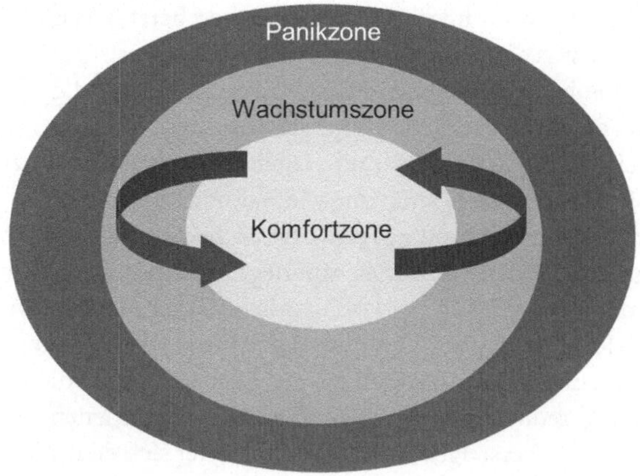

Abb. 3.1 Lernzonen-Modell nach Senninger (2000)

3.2 Widerstand beim Einzelnen

3.2.1 Gewohnheit

Der Widerstand gegen Neues liegt oft in der Gewohnheit begründet. Was gestern getan wurde, wird wahrscheinlich auch morgen und übermorgen getan. Dabei wird das Verhalten durch vergangene Erfolge verstärkt, selbst wenn sich Umweltvariablen verändern. Um Gewohnheiten zu verändern, muss der Kontext des Verhaltens geändert werden (vgl. Rosenstiel 1997, S. 203).

Das Festhalten an Gewohntem wird anschaulich im Lernzonen-Modell von Senninger (2000) dargestellt (siehe Abb. 3.1). Menschen neigen dazu, sich in einer *Komfortzone* einzurichten, die ihnen Verhaltenssicherheit verspricht. Hier fühlen sie sich selbstsicher und stark, da sie wissen, was sie zu tun haben und welche Verhaltensweisen welche Reaktionen hervorrufen. Ein Aufenthalt in der Komfortzone kommt einem Verharren im Status quo gleich. Für eine Weiterentwicklung bedarf es eines Übergangs von der Komfort- in die *Wachstumszone*. In dieser findet das Individuum Bedingungen und Situationen vor, mit denen es noch keine Erfahrungen gemacht hat. Lernen versteht Senninger (2000, S. 26) in diesem Zusammenhang als ein Ausweiten und Wachsen über die Komfortzone hinaus in eine Wachstumszone, in der neue Erfahrungen möglich sind. Dadurch erweitert sich der Handlungsspielraum, Kompetenzen können sich (weiter-)entwickeln. In der *Panikzone* übersteigen die Anforderungen die (selbst eingeschätzte) Handlungskompetenz des Individuums, was einen Lernvorgang massiv erschwert.

Aufgabe der Führungskraft ist es, Mitarbeitern die Notwendigkeit des Verlassens der Komfortzone zu verdeutlichen und sie auf ihrem Weg der Veränderung zu begleiten. Gleichzeitig muss sie darauf achten, Mitarbeiter nicht zu überfordern, damit diese sich nicht in der Panikzone wiederfinden.

Menschen sind nicht darauf ausgerichtet, sich spannungsfrei an Veränderungen anzupassen, die ihnen von außen auferlegt werden. Eine befürchtete negative Konsequenz der Veränderung wird oft deutlich stärker empfunden als eine gleich starke positive Konsequenz der Veränderung. Aufgabe der Führungskraft ist es, die Vorteile einer Veränderung deutlich zu machen, um damit die psychologischen Wechselkosten zu reduzieren. Nur wenn die wahrgenommenen Vorteile die empfundenen Nachteile übersteigen, wird ein Mitarbeiter sich dem Wandel öffnen und ihn als Chance begreifen (vgl. Rosenstiel 1997).

3.2.2 Funktionale Gebundenheit (auch: Betriebsblindheit)

Wer etwas nur in einem bestimmten Kontext kennt, wird in Bezug auf diesen Gegenstand Strukturfortschreibung betreiben und nicht ohne weiteres einen neuen Bezug herstellen. Das Neue trifft oft auf Ablehnung, wird abgewertet oder für nicht relevant gehalten, denn es stört den Status Quo und zwingt einen oftmals aus der Komfortzone heraus. Mehr noch: Oft bewegen wir uns in vorgegebenen Bahnen und schaffen es nicht, den Rahmen zu sprengen und einen Strukturbruch zu bewirken, doch erst wenn dies gelingt, sind tiefgreifende Veränderungen möglich.

3.2.3 Abwehr kognitiver Dissonanz

Menschen streben „ein Gleichgewicht in ihrem kognitiven System“ (Frey und Benning 1987, S. 147) an, das von ihnen als angenehm empfunden wird. Zwei Kognitionen können zueinander konsonant sein (d. h. sie harmonieren) oder sie sind dissonant und widersprechen sich. Werden zwei Kognitionen als unvereinbar wahrgenommen, erzeugt dies nach Festinger (1957) Dissonanz. Diese wird vom Individuum als unangenehmes Spannungsverhältnis erlebt und übt Druck aus, es zu beseitigen oder zu reduzieren. Dabei werden stets die Kognitionen verändert, die den geringsten Veränderungsaufwand mit sich bringen (Frey und Benning 1987, S. 148). Steht eine Kognition mit einer Vielzahl anderer Kognitionen in konstanter Beziehung, so ist der Änderungswiderstand sehr groß, denn durch die Veränderung der Kognition würden neue Spannungen auftreten und die entstehende kognitive Dissonanz wäre noch größer als zuvor. Eine einmal getroffene Entscheidung wird erst dann revidiert, wenn die Spannungen zu groß sind. Erst dann kommen Entscheidung und Erfahrung wieder zu einer Konsonanz. Je veränderungsbereiter ein Mensch ist, desto geringer sind die durch neue Informationen erzeugten Spannungen, d. h. die empfundene Dissonanz.

Es stehen verschiedene Möglichkeiten zur Verfügung, die Dissonanz zu reduzieren: Einerseits ist es möglich, durch Subtraktion dissonanter Kognitionen, wie bewusstes Ignorieren oder Verdrängen von Informationen, Spannung zu verringern. Im Zuge der Dissonanzreduktion werden Kognitionen über das eigene Verhalten und über die Realität verändert oder neue Kognitionen aufgenommen. Andererseits lässt sich durch die Addition neuer konsonanter Informationen und Kognitionen eine Dissonanzreduktion erreichen. Daher ist die Bereitstellung, positiver und relevanter Informationen zum Changeprozess gegenüber den Mitarbeitern von besonderer Bedeutung, um auch auf individueller Ebene einem Widerstand entgegen zu wirken.

3.2.4 Motivationshöhe

Ist die Motivation, ein bestimmtes Ziel zu erreichen, sehr stark ausgeprägt, wird oft nur noch eine Möglichkeit der Zielerreichung in Betracht gezogen. Der Blickwinkel verengt sich und es findet eine Fixierung auf nur eine Lösungsalternative statt. Man ist sozusagen unempfänglich für andere Möglichkeiten, die eventuell sogar schneller oder effektiver zum Ziel führen würden. An der ersten Lösungsvariante wird meist auch dann festgehalten, wenn diese eigentlich nicht zielführend ist (vgl. Rosenstiel 1997, S. 206).

3.2.5 Verteidigung des Selbstbildes

Dinge, die man mit viel Aufwand selbst hergestellt oder erschaffen hat, werden ins Selbstbild integriert. Wenn eigene Vorhaben, Pläne, Theorien oder Konzepte nun hinterfragt und zur Diskussion gestellt oder angegriffen werden, wird dies meist als Kränkung erlebt. Das Individuum neigt dann dazu, die eigene Weltsicht auf irrationale Weise zu verteidigen (vgl. Rosenstiel 1997, S. 206). Es geht nun nicht mehr um das Aushandeln der besten Perspektive oder Vorgehensweise, sondern um die Verteidigung der eigenen Konzepte zum Schutze des Selbstbilds.

3.2.6 Reaktanz

Nach Brehm (1966) führt die Einschränkung (empfundener) Freiheit zu Widerständen bzw. *Reaktanz*. „Reaktanz ist eine *motivationale* Erregung mit dem Ziel, eine *bedrohte* (...) *Freiheit wiederherzustellen*" (Gniech und Dickenberger 1987, S. 259, Hervorh. im Org.). Reaktanz wird ausgelöst, wenn in einem Veränderungsprozess beispielsweise eine bisher zur Verfügung stehende Alternative wegfallen soll, selbst wenn diese bisher nicht genutzt wurde. Als Reaktion im Change-Prozess sind verschiedene Strategien zur Wiederherstellung der Freiheit denkbar, z. B. die kognitive Verarbeitung durch Aufwertung der weggefallenen Alternative bis hin zu einer Ablehnung der Veränderung mit einem „offen aggressiven Verhalten" (ebd.).

Nach Wortman und Brehm (1975) führt eine konstante Einschränkung der Freiheit bei einer sich abzeichnenden Unmöglichkeit, die Handlungsergebnisse zu kontrollieren, zu einem Gefühl von Hilflosigkeit und schließlich passivem Verhalten.

3.3 Widerstand in der Gruppe

3.3.1 Erhalt von Machtstrukturen

Bedroht ein Veränderungsprozess die eigene Position innerhalb der bestehenden Hierarchie, so bedroht er auch die damit verbundenen Privilegien und den eigenen Einfluss (vgl. Rosenstiel 1997, S. 207). Dies ist z. B. beim Abbau von Hierarchieebenen der Fall, wenn durch Lean Management Leitungspositionen entfallen und damit Einfluss und Macht verloren gehen. Kann der Positionsinhaber die Veränderung nicht für sich nutzen, wird er versuchen, sie zu blockieren oder zu verzögern. Dazu kann er versuchen, Koalitionen der „Unwilligen" zu bilden, Halbwahrheiten und Falschmeldungen zu verbreiten, Gerüchte zu streuen und die Veränderung in ein schlechtes Licht zu rücken.

3.3.2 Autoritätsdruck

Gruppen mit hohem Zusammengehörigkeitsgefühl (Kohäsion) neigen zur Konformität. Wenn die Mitarbeiter die Führungskraft als akzeptierte Autorität ansehen und die Führungskraft die Veränderungen ablehnt, wird diese versuchen, die

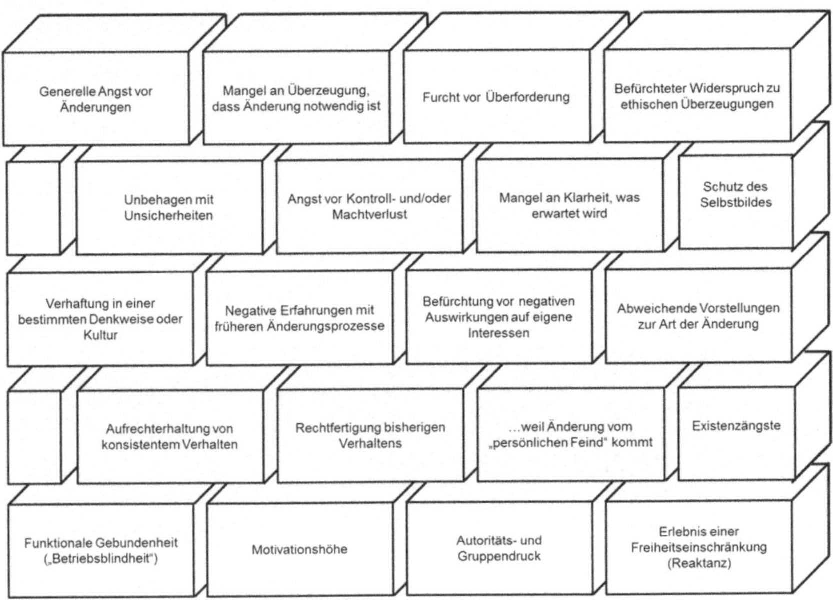

Abb. 3.2 Mauer des Widerstands: Gründe für Widerstand gegen Veränderungen. (in Anlehnung an Palmer et al. 2008)

Gruppe zum Widerstand zu bewegen. Die der Veränderung ablehnend gegenüberstehende Führungskraft wird außerdem ihre Machtmittel nutzen, um Befürworter der Veränderung auszuschalten.

3.3.3 Gruppendruck

Neben der Führungskraft kann auch die Mehrheit der Gruppe Druck erzeugen (*Konformitätsdruck*) und Widerstand gegen den Veränderungsprozess organisieren. Mitarbeiter, die von dieser Gruppenmeinung abweichen und der Veränderung positiv gegenüberstehen, werden ausgeschlossen und verlieren ihren Anschluss an die Mehrheit der Gruppe. So sorgt die Gruppe für ein konformes Verhalten, das Abweichungen nicht zulässt (vgl. Rosenstiel 1997, S. 207).

Abbildung 3.2 veranschaulicht in Form einer Mauer des Widerstands die verschiedenen Gründe für Ablehnung von Veränderungen. Diese Widerstände können bei einzelnen Mitarbeitern verschiedener Hierarchieebenen und/oder auf Gruppenebene stattfinden.

4 Emotionale Reaktionen auf Veränderungen

Der emotionale Widerstand macht neben dem rational begründbaren und dem politischen Widerstand einen erheblichen Teil des ablehnenden Verhaltens bei Veränderungen aus. Er resultiert aus der Angst vor Neuem und äußert sich in Form eines unbestimmten Gefühls, das sich einer rationalen Argumentation entzieht. Es handelt sich um den am schwersten zu handhabenden Widerstand. Häufig beruht er auf dem Gefühl, von der Veränderung überfordert zu sein oder mit dieser „nicht fertig zu werden". Die Befürchtungen und Ängste gilt es zu thematisieren und Schritt für Schritt abzubauen.

Es zeigt sich, dass jede noch so geringe Veränderung bei den Betroffenen die Frage hervorruft: „Was bedeutet diese für mich oder für uns?" Noch bevor Chancen oder Risiken konkret analysiert sind, steht im Vordergrund die Gewissheit, dass Veränderung letztlich immer bedeutet, das Vertraute und Sichere zu verlassen und sich mit dem Unbekannten auseinander zu setzen. Folge sind in der Regel zunächst Verunsicherung und die Befürchtung von Schwierigkeiten und Aufwand. Daher ist das Thema „Veränderung" häufig unmittelbar negativ belegt und löst bei den Betroffenen Stress aus. Durch Coping-Mechanismen kann der ausgelöste Stress nicht nur verringert werden, sondern die Veränderung kann als Chance wahrgenommen werden (vgl. Frey et al. 2008, S. 2).

Nach dem Transaktionalen Stressmodell nach Lazarus (1966; Lazarus und Folkmann 1984) sind Stresssituationen komplexe Wechselwirkungsprozesse zwischen der Anforderungen der Situation und der handelnden Person. Er geht davon aus, dass nicht die (objektive) Beschaffenheit der Reize oder Situationen für die Stressreaktion relevant sind, sondern deren (subjektive) Bewertung durch den Betroffenen.

Abbildung 4.1 zeigt die emotionalen Reaktionen und deren Verarbeitung bei anstehenden Veränderungen: Die erste Phase (*Status Quo*) ist gekennzeichnet von einer relativen Zufriedenheit mit dem Gewohnten und Vertrauten. Im Vorfeld

M. Landes, E. Steiner, *Psychologische Auswirkungen von Change Prozessen*, essentials, DOI 10.1007/978-3-658-05642-1_4, © Springer Fachmedien Wiesbaden 2014

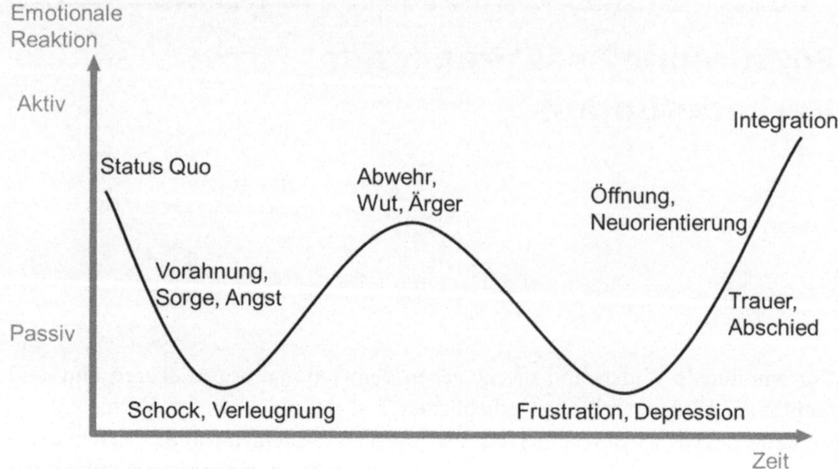

Abb. 4.1 Emotionale Reaktionen auf anstehende Veränderungen. (modifiziert nach Roth 2000 und Cevey und Prange 1999)

der Veränderung reagieren viele Betroffene mit einer diffusen *Vorahnung, Angst und Sorge*, da sie den Status Quo als bedroht ansehen und die Kontrollierbarkeit der Situation als gering einschätzen (vgl. Hoffmann und Lang 2008, S. 133). Als Führungskraft kann man dieser Unsicherheit mit Information und Kommunikation begegnen, indem man die Notwendigkeit der Veränderungsmaßnahme betont und nachvollziehbar macht. Für viele Mitarbeiter stellt die Unausweichlichkeit des Wandels einen *Schock* dar und sie halten krampfhaft am Status Quo fest. Die Führungskraft sollte den Mitarbeitern Zeit für die Veränderung geben und weiterhin die Realität thematisieren. In der Phase *Abwehr/Ärger* werden die Betroffenen aktiv, indem sie Allianzen Gleichgesinnter bilden und nach Gegenargumenten suchen, um die Veränderung doch noch abzuwenden. Abwehrmaßnahmen in dieser Phase führen durch die Intensivierung des gewohnten Vorgehens kurzfristig sogar zu einem Produktivitätszuwachs, um damit die Notwendigkeit der Veränderung in Frage zu stellen (vgl. Roth 2000, S. 13). Die Leistungen der Vergangenheit zu würdigen, ist der Schlüssel, da die anstehende Neuerung oft als Abwertung der bisherigen Leistungen erlebt wird. Die Führungskraft sollte Verständnis zeigen und die Zukunftsvision betonen.

Depression und Frustration (rationale Akzeptanz) sind die begleitenden Emotionen, wenn die Betroffenen realisieren, dass Widerstand zwecklos ist. Laut Roth

(2000, S. 19) sollten die Führungskräfte eingestehen und offen ansprechen, was die Veränderung schwierig macht.

Die Phase *Trauer und Abschied* leitet die emotionale Akzeptanz der veränderten Realität ein. Es findet ein Prozess des Loslassens statt. Trauer hat eine zentrale Funktion im Veränderungsprozess als Schwellenemotion vom Abschied des Vergangenen hin zu einer Neuorientierung (vgl. Roth 2000, S. 16). Den Prozess der Trauerarbeit und des Abschiednehmens kann eine Führungskraft bei den Mitarbeitern aktiv unterstützen, um so den Weg der *Neuorientierung* zu ebnen. Die Mitarbeiter suchen im Veränderungsprozess aktiv ihren Platz und ihre Wirkmöglichkeit, was eine positive Aufbruchstimmung signalisiert, die es mit Veranstaltungen und Workshops zu fördern gilt. Eine offene und wertschätzende Atmosphäre, in der Neues ausprobiert werden soll und Fehler nicht bestraft werden, sollte geschaffen werden. Abschließend werden die neuen Prozesse und sinnvolle Verhaltensweisen in den Alltag integriert (*Integration*). Es erfolgt ein Anstieg der Systemleistung, die nun deutlich über dem anfänglichen Niveau vor dem Wandlungsprozess liegt (vgl. Roth 200, S. 149). Anschließend sollten stets eventuelle Nachbesserungen erfolgen, indem eine flexible Steuerung über Feedback-Schleifen erfolgt.

Die Phasen mit den charakteristischen Emotionsmustern sind bei jedem Individuum und in jeder Veränderung ähnlich, nur die Dauer des Durchlaufens der einzelnen Abschnitte ist unterschiedlich (vgl. Hoffmann und Lang 2008, S. 132), sodass nicht alle Mitarbeiter diesen emotionalen Verarbeitungsprozess synchron durchlaufen werden. Hier ist genaue Beobachtung der Mitarbeiter und besondere Sensibilität gefragt. Werden die Phasen nicht adäquat begleitet und durch die Führungskraft unterstützt, kann es zu einem Verharren in einer Phase kommen. Durch Lernen, Erkenntnis und Integration können neue Kompetenzen aufgebaut werden, die dem Mitarbeiter neue Sicherheit und eine Festigung des Selbstbildes ermöglichen und ihn wiederum dazu motivieren, den Veränderungsprozess mit zu gestalten. Die Kenntnis dieser typischen emotionalen Emotions- und Verarbeitungsmuster kann der Führungskraft als Orientierung dienen. Sie erklären das oftmals (scheinbar) irrationale Verhalten in Veränderungsprozessen, das für die Betroffenen subjektiv durchaus rational zu sein scheint. Zudem zeigen diese Verarbeitungsmuster, dass ein emotionaler Prozess durchlaufen wird, der unabhängig ist vom Projektplan des Veränderungsprozesses.

5 Veränderungsbereitschaft

Eingangs wurde der Lebenszyklus eines Unternehmens als sigmoide Kurve beschrieben. An welchem Punkt auf der sigmoiden Kurve der Wandel eingeleitet wird, bestimmt über die Konstruktivität einer Veränderung und die Veränderungsbereitschaft der betroffenen Personen.

Im Folgenden werden drei Klassen von Veränderungskonstruktivität betrachtet:

1. **Schaffend:** Eine schaffende Veränderung schöpft etwas Neues, sie basiert auf einer Innovation und kann sich im organisationalen Kontext in einer Unternehmensgründung niederschlagen.
2. **Gestaltend:** Die gestaltende Veränderung greift in etwas Bestehendes ein und unterwirft es einem Anpassungsprozess.
3. **Erschütternd:** Die erschütternde Veränderung führt zu einer Umwälzung und einem radikalen Neuanfang.

Diese Betrachtung lässt sich um eine zweite Achse, nämlich den Planungsgrad, erweitern:

a. **Geplanter Wandel:** Der geplante Wandel findet absichtsvoll statt, ist *strategisch* angelegt und folgt einem vorab definierten und langfristig angelegten Planungs- und Handlungsprozess.
b. **Getriebener Wandel:** Der getriebene, stark *operativ* ausgerichtete Wandel wird aus faktischer Notwendigkeit heraus betrieben, die Handlungsfolgen werden grob abgeschätzt, sodass kurzfristige Korrekturen und Richtungsänderungen die Regel sind.
c. **Ungeplanter Wandel:** Der ungeplante, mitunter *chaotische* Wandel folgt keinem absichtsvollen Handeln, sodass Richtungen und Wirkungen nicht vorhersagbar sind.

M. Landes, E. Steiner, *Psychologische Auswirkungen von Change Prozessen*, essentials,
DOI 10.1007/978-3-658-05642-1_5, © Springer Fachmedien Wiesbaden 2014

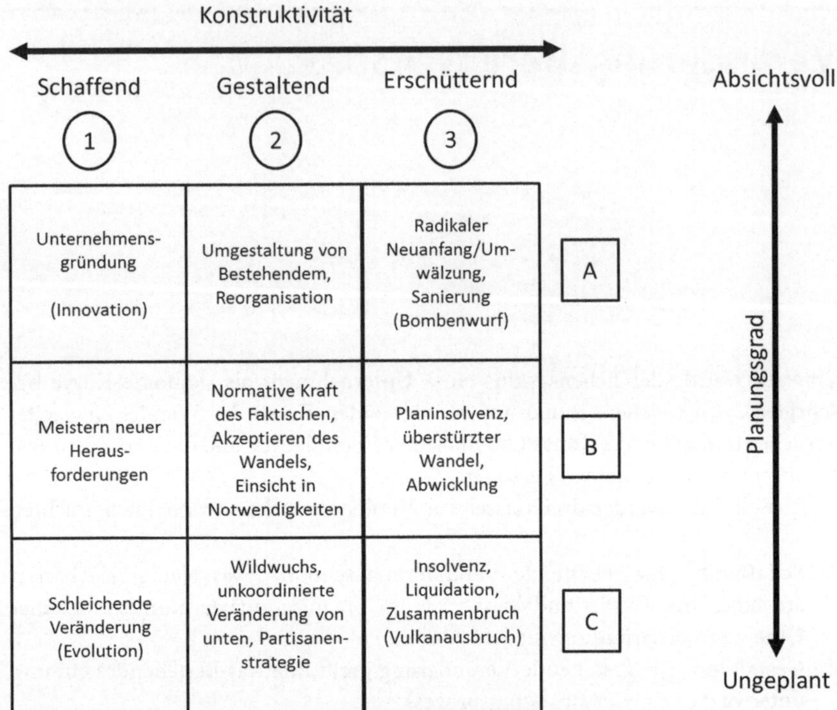

Abb. 5.1 Konstruktivität und Planungsgrad in Veränderungsprozessen

Abbildung 5.1 zeigt die beiden Achsen in Form einer Matrix:

Der Bereich 1A kennzeichnet den schaffenden planvollen Vorgang einer Veränderung. Dies kann die Gründung eines Unternehmens sein, aber auch die Umsetzung einer Produktinnovation. Im Bereich 2A finden viele Reorganisationsprozesse und Veränderungen von Organisationen statt. Diese sind oftmals strategisch geplant und verändern Bestehendes moderat. In Bereich 3A kommt es ebenfalls zu einem geplanten Eingriff, dieser ist jedoch radikal und lässt sich daher auch mit dem Begriff eines *Bombenwurfs* kennzeichnen, da es eine Erschütterung der Organisation, einen tiefgreifenden Einschnitt in das Bestehende und eine Umwälzung zur Folge hat. Solch ein Vorgehen findet meist in Sanierungsprozessen statt, die das Ziel haben, die Organisation zu erhalten, aber aus schwerwiegenden Problemlagen befreien sollen.

Im Bereich 1B stellen sich der Organisation völlig neue Herausforderungen, die es kurzfristig zu bewältigen gilt. Es besteht ausreichend Zeit für planvolles Handeln auf operativer Ebene, ohne einen langfristigen strategischen Bezug. Existenzgründungen ohne Business Plan erfolgen häufig in diesem Kontext. In Bereich 2B muss eine Organisation sich mit einem Wandel abfinden, der durch die Kräfte des Marktes diktiert wird und der eine Umgestaltung bestehender Strukturen und Prozesse nötig macht. Es bleibt Zeit für eine Planung der Umgestaltung, aber die Veränderung wurde oft so lange aufgeschoben, dass für eine gründliche Analyse die Zeit fehlt. Bereich 3B kennzeichnet überstürzte und erschütternde Veränderungsprozesse ohne ausreichende Vorbereitung, wobei die Zeit für eine gründliche Planung fehlt. Hier finden sich Planinsolvenzen und Abwicklungen wieder.

In Bereich 1C geht der Wandel ungeplant vonstatten und schafft dabei etwas Neues, wobei dies oftmals ein schleichender, evolutionärer Prozess ist. Ein Beispiel hierfür ist die Verstetigung eines Provisoriums zu einer Institution. In Bereich 2C kommt es zu einer ungeplanten Veränderung, die eine bestehende Organisation entwickelt, ohne dass dabei ein Plan erkennbar ist. Hier ist die *Partisanenstrategie* einzuordnen, bei der einzelne Personen oder kleine Gruppen am Rande der gewachsenen Strukturen agieren und unkoordiniert den Wandel vorantreiben. Es kommt zu einer wuchernden Veränderung und zu *Wildwuchs* in der bestehenden Organisation. In Bereich 3C wird die Organisation nicht nur verändert oder planvoll abgewickelt, sie wird plötzlich und überraschend zerstört. Es kommt zu einem Zusammenbruch der bestehenden Strukturen, einem Auflösen der Organisation durch Liquidation. Die Veränderung gleicht einem *Vulkanausbruch*: Spannungen und Druck haben sich aufgebaut, sind aber zunächst nicht sichtbar zu Tage getreten und entladen sich dann in einem zerstörenden Prozess. Die Zusammenbrüche der Bank Lehman Brothers, des Enron-Konzerns oder der Schlecker-Gruppe sind hier einzuordnen.

Legt man nun die sigmoide Kurve des angenommenen Unternehmenszyklus über die horizontale Achse (Konstruktivität) der Abb. 5.1, so kann man eine schaffende Veränderung meist in den Phasen der Einführung und des Wachstums erkennen (siehe Abb. 5.2). Die gestaltende Veränderung wird häufig in der späten Wachstums- und in der Reifephase durchgeführt. Unterbleibt eine rechtzeitige Anpassung an neue Gegebenheiten, kommt es dann in der Degenerationsphase zu einer erschütternden Veränderung.

In Spalte 1 (*schaffend*) von Abb. 5.1 ist tendenziell ein geringer Widerstand gegen Veränderungen anzunehmen, da es sich hier nicht um die Veränderung von Bestehendem handelt, sondern um die Schaffung von Neuem. In Spalte 2 (*gestaltend*) ist eine normalverteilte Widerstandskurve denkbar, die von Veränderungsmissionaren bis hin zu Veränderungsemigranten reicht, welche das Unternehmen aufgrund

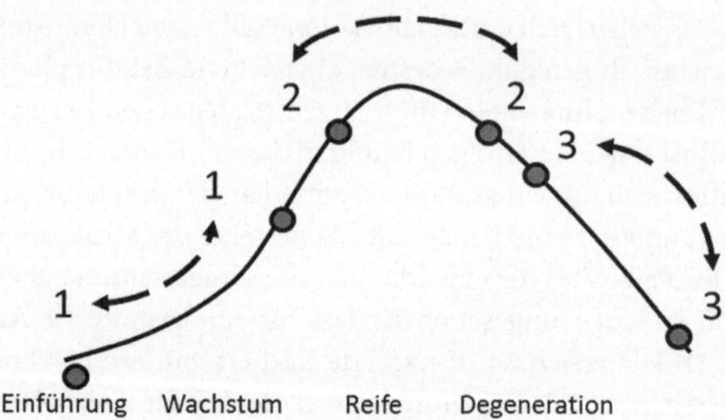

Abb. 5.2 Veränderungskonstruktivität und Lebenszyklus

des Wandels verlassen. In Spalte 3 (*erschütternd*) herrschen Extreme vor, bei der zwei Ausprägungen denkbar sind: einerseits ein erheblicher Widerstand gegen erschütternde Veränderungen, der dann oft durch Machteingriff gebrochen wird, oder ein sich Fügen in das Unvermeidliche mit geringem Widerstand, der oft einer tiefgreifenden Frustration gewichen ist.

Die Initiatoren von Veränderungsprozessen sollten daher die jeweilige Situation im Hinblick auf Planungsgrad und Konstruktivitätsebene analysieren, um absehen zu können, welche Art von Widerstand wahrscheinlich ist. Eine daran angepasste Planung von unterstützenden Maßnahmen kann den Veränderungsprozess erfolgreicher ablaufen lassen.

Erfolgreiche Gestaltung von Veränderungsprozessen: Implikationen für Führungskräfte

6

Im Folgenden wird dargestellt, wie Change-Prozesse über die erfolgreiche emotionale Verarbeitung hinaus gestaltet werden sollten, um den Widerstand der Mitarbeiter in allen Phasen möglichst gering zu halten und sie im Veränderungsprozess zu unterstützen, damit sie den Weg zum neuen Status quo mitgehen.

6.1 Vision und Ziele definieren

Der Erfolg von Veränderungsprozessen besteht maßgeblich in der verständlichen Kommunikation der Vision, der Ziele und des Sinns. „If you can't communicate the vision to someone in five minutes or less and get a reaction that signifies both understanding and interest, you are not yet done with this phase of the transformation process" (Kotter 1995, S. 63).

Sinek (2009) weist mit seinem Modell des *Golden Circle* darauf hin, dass für das menschliche Handeln essentiell ist, genau zu wissen, *warum* man etwas tut (siehe Abb. 6.1). Im Zentrum seines Modells steht die Ebene des *Warum*, welches das Wesen, das Ziel und den Sinn eines Verhaltens oder eines Prozesses ausmacht. Im nächsten Ring steht das *Wie*, in dem beispielsweise Techniken und Methoden verortet sind. Der äußerste Kreis stellt das *Was* dar, wodurch definiert wird, welche Produkte oder Prozesse konkret angegangen werden. Trotz der essentiellen Bedeutsamkeit des *Warum* in der Mitarbeiter-Kommunikation kann dieses Thema in Veränderungsprozessen von Führungskräften meist am wenigsten erklärt werden, stattdessen werden oftmals Fakten, wie Kosteneinsparungen, strategische Notwendigkeiten etc. in den Vordergrund der Kommunikation gestellt. Dabei ist der Aspekt des *Warum* entscheidend für die Akzeptanz der geplanten Veränderung und letztlich für den Erfolg des Unternehmens (vgl. Hunert et al. 2012).

M. Landes, E. Steiner, *Psychologische Auswirkungen von Change Prozessen*, essentials, DOI 10.1007/978-3-658-05642-1_6, © Springer Fachmedien Wiesbaden 2014

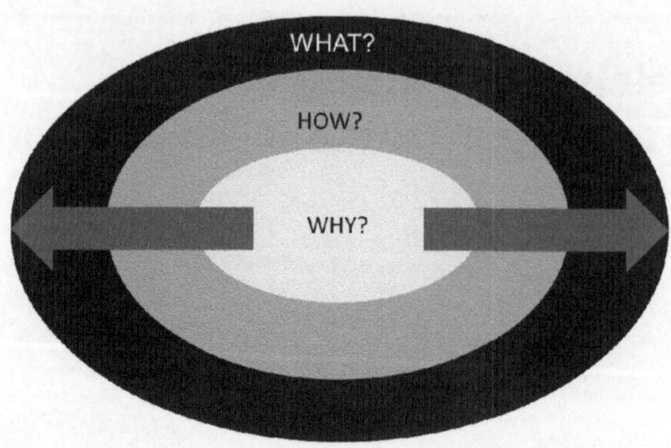

Abb. 6.1 The Golden Circle. (nach Sinek 2009)

6.2 Notwendigkeit und Unumkehrbarkeit der Veränderung nachvollziehbar erläutern

Ein typischer Fehler besteht darin, die Notwendigkeit und Dringlichkeit bei der Durchführung von Veränderungsprozessen nicht ausreichend darzustellen (vgl. Kotter 1995). Es muss transportiert werden, dass ein Verharren im Status quo gefährlicher ist als alle geplanten Schritte in Richtung des Wandels.

Frey et al. (2008) betonen, dass ein gemeinsames Problembewusstsein die Basis für eine erfolgreiche Umsetzung eines Veränderungsprozesses ist. Dabei ist essentiell, die Dringlichkeit und Notwendigkeit der Veränderung für alle Beteiligten zu verdeutlichen, denn die Wahrnehmung von Defiziten in der momentanen Situation ist eine notwendige Bedingung für die Bereitschaft zu Veränderung und Innovation (vgl. Gebert 2004, 2007). Zudem kann eine Akzeptanz von Veränderungsprozessen eher geschaffen werden, wenn Unumkehrbarkeit wahrgenommen wird, wenn die Mitarbeiter sehen, dass es keinen Weg zurückgibt (vgl. Frey et al. 2008, S. 10).

6.3 Klar, transparent und verständlich kommunizieren

Eine klare und offene Kommunikation muss den gesamten Prozess der Veränderung begleiten und sollte bereits so früh wie möglich ansetzen, um potentiellen Gerüchten vorzubeugen und damit sich die Betroffenen schon zu Beginn auf die

Neuerungen einstellen können. Zudem können frühzeitig Gegenargumente gesammelt werden, um sie entweder bereits bei der Entstehung entkräften zu können (vgl. Frey et al. 2005), oder aber um daraus Verbesserungsvorschläge zu entwickeln. Es zeigt sich, dass der direkte Austausch im persönlichen Gespräch am zielführendsten ist.

Eine klare, verständliche, am besten bildhafte Kommunikation, möglichst in der Sprache der Betroffenen, schafft dabei einen Austausch auf Augenhöhe und Vertrauen für den anstehenden Veränderungsprozess.

In der Kommunikation mit den Mitarbeitern müssen dabei wahrheitsgetreu alle zu erwartenden Vor- und Nachteile des anstehenden Wandels vermittelt werden, um eine Atmosphäre der Fairness und Transparenz zu schaffen (vgl. Frey et al. 2008, S. 12).

6.4 Bedürfnisse von Menschen in Veränderungsprozessen berücksichtigen

Anstehende Veränderungen können existentielle, teils irrationale Ängste bei Betroffenen auslösen, z. B. vor dem Verlust des Arbeitsplatzes. Dieses *Existenzbedürfnis* sollte beachtet werden, indem mögliche Ängste adressiert und entkräftet werden, bevor sie entstehen oder sich ausweiten. Ein weiteres Bedürfnis stellt die *Erfassung des Sinns* eines Vorhabens dar, weshalb, wie bereits beschrieben, die Vermittlung und Erklärung der Vision, des *Warums* von immenser Bedeutung ist.

Mitarbeiter haben das *Bedürfnis nach Gesundheit und Wohlbefinden*. Daraus ergibt sich, dass nach Möglichkeit Stress, Unsicherheit, Krisen- und extreme Konfliktsituationen, die das persönliche Wohlbefinden zu stark beeinträchtigen, vermieden werden sollten. Es sollte angestrebt werden, dass eine Veränderung nicht ausschließlich als Bedrohung und Gefährdung eingeschätzt wird. So besteht die Chance, dass die Betroffenen ihre Aufmerksamkeit auf positive Aspekte des Wandels lenken, z. B. auf die Möglichkeit, Kompetenzen zu erweitern, sodass die Offenheit gegenüber der Veränderung gestärkt wird (vgl. Axtell et al. 2002).

Grundsätzlich sollte das Bedürfnis nach *Anerkennung, Respekt und Selbstverwirklichung* berücksichtigt werden. Eine bekannte Devise von Veränderungsmanagern lautet: Betroffene zu Beteiligten machen. Das wesentliche menschliche Bedürfnis dabei ist die wahrgenommene *Kontrolle* oder Kontrolliertheit. Kontrolle setzt sich neben den Facetten der Erklärbarkeit sowie der Vorhersehbarkeit und Transparenz aus den Faktoren Beeinflussbarkeit und Partizipation zusammen (vgl. Frey und Jonas 2002). Chancen zur Partizipation am Veränderungsprozess führen zu einer größeren Akzeptanz und Zufriedenheit mit der Neuerung. Zudem sollte die Führungskraft das Bedürfnis nach *Kreativität* berücksichtigen, indem sie den Mitarbeitern Gestaltungsräume aufzeigt und Freiräume schafft. Gerade im Wandel sollten den Mitarbeitern Kompetenzen eingeräumt werden, um auch ihrem Bedürfnis nach *Verantwortung* gerecht zu werden.

6.5 Fähigkeiten und Fertigkeiten vermitteln

Laut Rosenstiel (1997, S. 201 ff.) sind Bedingungen von Verhaltensänderungen *Können* (Wissen, Fähigkeiten und Fertigkeiten), *Wollen* (Motivation und Volition), *Sollen* und *Dürfen* (Normen) und die *situative Ermöglichung*. Auf all diesen Ebenen kann Unterstützung geleistet werden. Fachliche, soziale und methodische Qualifikation können durch Trainings, Coaching sowie gegenseitigem Benchmarking sichergestellt werden. Die Befähigung der Betroffenen kann durch Workshops, Trainings und Wissensweitergabe erfolgen. Der Verweis auf bisherige Erfolge wird als unterstützend wahrgenommen.

6.6 Gerechtigkeitsempfinden der Mitarbeiter beachten

Individuen beachten gerade im Wandel genau, wie das Verhältnis von Input zu Output gestaltet ist. Analog zur Equity Theorie (vgl. Adams 1965) sind Menschen in sozialen Beziehungen bestrebt, eine faire Gegenleistung für ihren Einsatz zu erhalten, wobei sie sich mit relevanten Anderen vergleichen. Wenn Un-Fairness empfunden wird, entsteht ein Ungleichgewicht, was als mögliche Reaktion eine Anpassung der eigenen Arbeitsleistung an den Output zur Folge haben kann. Lasten sollten daher möglichst gleich verteilt werden. Nach Frey et al. (2008) ist im Rahmen der Partizipation bei Veränderungsprozessen die so genannte *prozedurale Fairness* (Verfahrensfairness) bedeutsam. Diese prozedurale Fairness bezieht sich dabei auf die wahrgenommene Gerechtigkeit von (Entscheidungs-)Prozessen. Entscheidend ist, dass der Prozess der Änderung transparent, vorhersehbar und fundiert begründet gestaltet sein sollte, um Arbeitszufriedenheit, Arbeitsleistung, organisationales Commitment, Vertrauen und Akzeptanz des Veränderungsprozesses sicherzustellen (vgl. Colquitt et al. 2001; Cohen-Carash und Spector 2001; zitiert nach Frey et al. 2008; vgl. Frey et al. 2008, S. 13 f.).

6.7 Erste Erfolge sichtbar machen

Es ist von entscheidender Bedeutung, dass Erfolgskontrollen stattfinden und erste Erfolge sichtbar gemacht werden, um die Mitarbeiter in ihrer Motivation und ihrer Initiative zu bestärken (vgl. Frey et al. 2008, S. 16). Leicht zu realisierende Maßnahmen sollten daher am Beginn eines Veränderungsvorhabens stehen, um so möglichst schnell erste Erfolge sichern zu können, sodass die Betroffenen erleben, tatsächlich etwas bewegen zu können.

6.8 Aus Fehlern lernen

Wer etwas Neues lernt, macht Fehler. Das gilt für Unternehmen, für Führungskräfte und für Mitarbeiter. Fehler sind Teil eines jeden Lernprozesses. Dies sollte berücksichtigt werden, indem sich die Prozesssteuerung flexibel den neuen Bedingungen anpasst. In der Kommunikation sollte die Führungskraft explizit auf die Erprobung neuer Verhaltensweisen und die damit zwangsläufig verbundenen Fehler hinweisen und ein so genanntes non-punitives Fehlermanagement verfolgen. Im Dialog über Schwierigkeiten und kritische Aspekte der Neuerungen lässt sich der Veränderungsprozess kontinuierlich verbessern.

6.9 Als Führungskraft präsent und ansprechbar sein

Gerade in Phasen des Umbruchs und des Wandels müssen Führungskräfte eine Vorbildfunktion einnehmen, Präsenz zeigen und Fürsorge für die Betroffenen signalisieren. Ein entscheidender psychologischer Faktor bezogen auf die Führung in Veränderungsprozessen ist das Vertrauen. In dem Maße, in dem die Mitarbeiter der eigenen Unternehmensführung vertrauen, akzeptieren sie auch deren Pläne, Erklärungen und Handlungen (vgl. Kramer und Tyler 1996 und Rousseau und Tijoriwala 1999 zit. nach Frey et al. 2008, S. 12). Immens wichtig ist es, als Initiator der Veränderung im gesamten Prozess auch weiterhin als Ansprechpartner zur Verfügung zu stehen und die Durchführung zu verantworten.

Tabelle 6.1 gibt einen Überblick über Strategien zum Umgang mit Veränderungen.

Tab. 6.1 Strategien zum Umgang mit Änderungen. (vgl. Jick und Peiperl 2003)

Empfänger/Mitarbeiter	Change Leader/Führungskraft
Akzeptanz der eigenen Gefühle	*Überdenken von Widerstand*
Sich selber erlauben, Gefühle und Klagen zuzulassen	So natürlich wie Selbstschutz
Zeit nehmen, Gefühle zu verarbeiten	Als ein positiver Schritt in Richtung Änderung
Ambiguität tolerieren	Als konstruktive Kritik zum Änderungsprozess
Stress managen	*Erste Hilfe geben*
Körperliche Gesundheit bewahren	Emotionen akzeptieren
Informationen über die Änderung einfordern	Zuhören
Irrelevante Stressfaktoren limitieren	Sicherheit geben
Regelmäßige Pausen machen	Zeitrahmen abstecken
Hilfe anfordern	Ressourcen und Hilfe bereitstellen
Verantwortung ausüben	*Potential für die Änderung schaffen*
Identifizierung von Optionen	Einbeziehung von Mitarbeitern bei Entscheidungen
Aus Verlusten lernen	Vermeidung von negativen Werturteilen
Aktive Teilnahme am Änderungsprozess	Möglichkeiten für individuelle Entfaltung schaffen
Erlernen neuer Fähigkeiten	

7 Ausblick

Veränderungen sind für Unternehmen notwendige Prozesse, um mit der Weiterentwicklung der Umwelt Schritt halten zu können. In Veränderungsprozessen treffen ökonomische Notwendigkeiten jedoch auf psychologische Abwehrreaktionen, denn für Menschen bedeuten Veränderungen das Verlassen ihrer Komfortzone und damit die Bedrohung von Sicherheit bezüglich ihres Verhaltens, ihrer Umgebung und der eigenen Zukunft. Diese Unsicherheit führt oftmals zu Ängsten, die wiederum den Grund für mannigfaltigen Widerstand darstellen, der Führungskräfte und Mitarbeiter gleichermaßen betreffen kann.

Gefühle zu „managen" gehört jedoch nicht zu den klassischen Aufgaben des Managements. Daher müssen Führungskräfte für die emotionalen und irrationalen Begleiterscheinungen eines jeden Veränderungsprozesses sensibilisiert werden, um ihre Mitarbeiter bestmöglich unterstützen zu können. Sie sollen Sicherheit vermitteln und die Veränderung gleichzeitig befördern. Zudem müssen die Dringlichkeit und Notwendigkeit sowie der Sinn und die Frage nach dem *Warum* klar vermittelt werden – insbesondere, wenn es dem Unternehmen (noch) relativ gut geht. Ebenso wichtig ist es, nicht zu viele Veränderungen gleichzeitig anzugehen, nur weil es sich eben gerade anbietet, wenn man schon mal beim Verändern ist. Das bisher Geleistete weiterhin wertzuschätzen, ist außerdem essentiell, denn wenn ein Defizitdenken im Vordergrund steht, werden die Mitarbeiter demotiviert und dies führt zu Widerstand.

Der Umgang mit Gefühlen gehört nicht zu den klassischen Aufgaben des Managements (vgl. Kotter 1990). Dies kann eher mit dem umfassenderen Begriff *Leadership* in Verbindung gebracht werden. Daher erscheint der Begriff Veränderungs*leadership* treffender. Leadership schafft Bewusstsein, legt Richtungen fest, gleicht Interessen von Betroffenen an, motiviert, inspiriert, baut Verunsicherung ab und meistert somit Veränderungen. Ein solches Veränderungsleadership berücksichtigt neben den Management-Herausforderungen auch die emotiona-

M. Landes, E. Steiner, *Psychologische Auswirkungen von Change Prozessen,* essentials,
DOI 10.1007/978-3-658-05642-1_7, © Springer Fachmedien Wiesbaden 2014

len und irrationalen Begleiterscheinungen eines jeden Veränderungsprozesses. Erst dadurch erfasst man die gesamte Bandbreite der rationalen und irrationalen Einflussfaktoren eines erfolgreichen Changeprozesses.

Veränderungsprozesse stellen für Führungskräfte eine besonders große Herausforderung dar: Einerseits sollen sie die Mitarbeiter erfolgreich durch den Veränderungsprozess führen und andererseits sind sie selbst von der Veränderung verunsichert und eventuell überfordert. Viel zu oft verlangt der Ablaufplan das Unmögliche: Neben dem Tagesgeschäft soll gleichzeitig in oftmals zu kurzer Zeit ein Change-Prozess effektiv bewältigt werden. Eine realistische Zeitplanung und die Verfügbarkeit der notwendigen Ressourcen sind entscheidend.

Für Führungskräfte, Mitarbeiter und die Organisation an sich ist ein tiefgreifender Veränderungsprozess ein einschneidendes und herausforderndes Erlebnis. Bei allen Veränderungsprozessen sollte daher gelten: „Statt ‚*maximizing*' und ‚*optimizing*', ‚*satisficing*'" (Herbert A. Simon).

Was Sie aus diesem Essential mitnehmen können

- Notwendige Veränderungen finden immer irgendwann und irgendwie statt. Werden sie aufgeschoben, so brechen sie sich oftmals wie bei einem Vulkanausbruch Bahn.
- Widerstand gegen Veränderungen ist normal, hat vielfältige psychologische Gründe und zeigt sich auf unterschiedliche Art. Es gibt für Führungskräfte zielführende Steuerungsmöglichkeiten im Umgang mit Widerstand.
- Führungskräfte können Veränderungsprozesse u. a. mit Hilfe von klaren Zielen, transparenter Kommunikation, Berücksichtigung der Bedürfnisse der Mitarbeiter und der Vermittlung von Sinn hinter der Veränderung aktiv gestalten.

M. Landes, E. Steiner, *Psychologische Auswirkungen von Change Prozessen*, essentials, DOI 10.1007/978-3-658-05642-1, © Springer Fachmedien Wiesbaden 2014

Literatur

Adams, J. S. (1965). Inequity in social exchange. In L. Berkowitz (Hrsg.), *Advances in experimental social psychology*, (Bd. 2, S. 267–299). New York: Academic.

Axtell, C., Wall, T., Stride, C., Pepper, K., Clegg, C., Gardner, P., & Bolden, R. (2002). Familiarity breeds content: The impact of exposure to change on employee openness and well-being. *Journal of Occupational and Organizational Psychology, 75*(2), 217–231.

Bachert, R., & Vahs, D. (2007). *Change management in nonprofit-organisationen*. Stuttgart: Schäffer-Poeschel.

Brehm, J. W. (1966). *A theory of psychological reactance*. New York: Academic.

Cartwright, D. (1951). *Foreword to the 1951 edition. Field theory in social science and selected theoretical papers – kurt lewin*. Washington: American Psychological Association (1997 Originally published by Harper & Row).

Cevey, B., & Prange, P. (1999). Vom Nutzen der Veränderung – Personalentwicklung und Organisationsentwicklung im Zeichen des Wandels. In H. Spalink (Hrsg.), *Werkzeuge für das Change-Management* (S. 113–142). Frankfurt a. M.: Frankfurter Allgemeine Buch.

Cohen-Charash, Y., & Spector, P. E. (2001). The role of justice in organizations: A metaanalysis. *Organizational Behavior and Human Decision Processes, 86*(2), 278–321.

Colquitt, J. A., Conlon, D. E., Wesson, M. J., Porter, C. O., & Ng, K. Y. (2001). Justice at the millennium: A meta-analytic review of 25 years of organizational justice research. *Journal of Applied Psychology, 86*(3), 425–445.

Doppler, K., & Lauterburg, C. (2002). *Change Management. Den Unternehmenswandel gestalten*. Frankfurt a. M.: Campus.

Festinger, L. (1957). *A theory of cognitive dissonance*. Stanford: Stanford University Press.

Frey, D., & Benning, E. (1987). Dissonanz. In D. Frey & S. Greif (Hrsg.), *Sozialpsychologie. Handbuch in Schlüsselbegriffen* (2. Aufl., S. 147–153). München: Psychologie-Verlags-Union.

Frey, D., & Jonas, E. (2002). Die Theorie der kognizierten Kontrolle. In D. Frey & M. Irle (Hrsg.), *Theorien der Sozialpsychologie (Band III)*. Bern: Huber.

Frey, D., Greitemeyer, T., & Fischer, P. (2005). Einstellungen. In D. Frey, L. von Rosenstiel & Hoyos, & C. Graf (Hrsg.), *Wirtschaftspsychologie* (S. 55–60). Weinheim: Beltz.

Frey, D., Gerkhardt, M., & Fischer, P. (2008). Erfolgsfaktoren und Stolpersteine bei Veränderungen. In R. Fisch, A. Müller, & D. Beck (Hrsg.), *Veränderungen in Organisationen – Stand und Perspektiven* (S. 281–299). Wiesbaden: Springer VS Verlag für Sozialwissenschaften.

M. Landes, E. Steiner, *Psychologische Auswirkungen von Change Prozessen*, essentials,
DOI 10.1007/978-3-658-05642-1,

Gebert, D. (2004). Organisationsentwicklung. In H. Schuler (Hrsg.), *Lehrbuch Organisationspsychologie* (S. 601–616). Bern: Huber.

Gebert, D. (2007). Psychologie der Innovationsgenerierung. In D. Frey & L. von Rosenstiel (Hrsg.), *Enzyklopädie der Psychologie. Wirtschaftspsychologie* (Bd. 6, S. 783–855). Göttingen: Hogrefe.

Gniech, G., & Dickenberger, D. (1987). Reaktanz. In D. Frey & S. Greif (Hrsg.), *Sozialpsychologie. Handbuch in Schlusselbegriffen* (2. Aufl., S. 259–262). München: Psychologie-Verlags-Union.

Haldane, J. B. S. (1963). The truth about death. *Journal of Genetics, 58,* 464.

Handy, C. (1995). *The age of paradox.* Boston: Harvard Business School Press.

Hoffmann, C., & Lang, B. (2008). *Das Intranet* (2. Aufl.). Konstanz: UVK.

Hunert, C., Landes, M., & Steiner, E. (2012). *Akquisition von Dienstleistungen. Angewandte Psychologie für die berufliche Praxis.* Heidelberg: Springer.

Jick, T. D., & Peiperl, M. A. (2003). *Managing change, cases and concepts.* New York: McGraw Hill.

Kahneman, D. (2011). *Thinking, fast and slow.* London: Penguin.

Kotter, J. P. (1990). *A force for change: How leadership differs from management.* New York: Free Press.

Kotter, J. P. (March-April 1995). Leading change: Why transformation efforts fail. *Harvard Business Review,* 59–67.

Kramer, R. M., & Tyler, T. R. (1996). *Trust in organizations: Frontiers of theory and research.* Thousand Oaks: Sage.

Lazarus, R. S. (1966). *Psychological stress and the coping process.* New York: McGraw-Hill.

Lazarus, R. S., & Folkman, S. (1984). *Stress, appraisal and coping.* New York: Springer.

Lewin, K. (1943). Defining the „field at a given time." *Psychological Review, 50,* 292–310. (Republished in Resolving Social Conflicts & Field Theory in Social Science. Washington, D.C: American Psychological Association 1997).

Palmer, I., Dunford, R., & Akin, G. (2008). *Managing organizational change: A multiple perspectives approach* (2. Aufl.). New York: McGraw-Hill.

Reiss, M. (1997). Change als Herausforderung. In M. Reiss, von L. Rosenstiel, & A. Lanz (Hrsg.), *Change Management – Programme, Projekte und Prozesse* (S. 5–29). Stuttgart: Schäffer-Poeschel.

Rosenstiel, L. von (1997). Verhaltenswissenschaftliche Grundlagen von Veränderungsprozessen. In M. Reiss, L. von Rosenstiel, & A. Lanz (Hrsg.), *Change Management. Programme, Projekte und Prozesse* (S. 191–212). Stuttgart: Schäffer-Poeschel.

Roth, S. (2000). Emotionen im Visier – Neue Wege des Change Management. *Organisations-Entwicklung, 2*(2000), 14–21.

Rousseau, D. M., & Tijoriwala, S. A. (1999). What's a good reason to change? Motivated reasoning and social accounts in promoting organizational change. *Journal of Applied Psychology, 84,* 514–528.

Senninger, T. (2000). *Abenteuer leiten – in Abenteuer lernen.* Münster: Ökotopia.

Sinek, S. (2009). *Start with why: How great leaders inspire everyone to take action.* New York: Portfolio Hardcover.

Wortman, C. B., & Brehm, J. W. (1975). Responses to uncontrollable outcomes: An integration of reactance theory and the learned helplessness model. In L. E. Berkowitz (Hrsg.), *Advances in experimental* (Bd. 8, S. 277–336). New York: Academic.